LA

LIBERTÉ INDIVIDUELLE

SOUS LA RÉPUBLIQUE

LETTRE

A M. LE PROCUREUR DE LA RÉPUBLIQUE

Près le tribunal civil de l'arrondissement du Havre

PAR

M. J. GIROUD DE VILLETTE

ANC. AVOCAT A LA COUR D'APPEL DE PARIS

AUTEUR DU PREMIER AÉROSTAT MONTÉ

Ouvrage présenté à l'Académie française.

> Arrêter un Romain sur de simples soupçons,
> C'est agir en tyran, nous qui les ... bannissons.
>
> VOLTAIRE, *Brutus*.

PARIS, 1881

A MONSIEUR LE PROCUREUR DE LA RÉPUBLIQUE

PRÈS LE TRIBUNAL CIVIL DE L'ARRONDISSEMENT DU HAVRE

MONSIEUR LE PROCUREUR,

J'ai l'honneur de vous informer qu'en réponse à ma lettre du 19 juillet courant, aux diverses autorités du Havre, réponse que je viens de faire publier par la plupart des journaux les plus importants de la presse parisienne, dans l'intérêt de la vérité des faits et de l'avenir de mon fils, monsieur le Sous-Préfet de votre arrondissement m'a transmis la copie, certifiée conforme par lui, d'un rapport de monsieur le Commissaire central.

Ce rapport relate plus ou moins fidèlement les circonstances inqualifiables qui ont été la cause de L'ARRESTATION *arbitraire et illégale* de mon fils, dernièrement en promenade au Havre.

Je souligne tout de suite doublement et avec intention le premier de ces trois mots, ARRESTATION, parce que les autorités du Havre ont dû certainement se concerter entre elles pour m'adresser une réponse identique.

Je trouve, en effet, dans la lettre de monsieur le Maire, de même que dans la copie du rapport qui m'est envoyé aujourd'hui par monsieur le Sous-Préfet, dont le parquet du Havre m'avait fait donner lecture par M. le Commissaire de police de mon quartier, cette même excuse puérile : « qu'il n'y a pas eu ARRESTATION, mais *constatation d'identité.* »

C'est tout naïvement jouer sur les mots.

N'est-il pas évident, ainsi que je l'ai signalé dans ma lettre aux journaux, qui l'ont reproduite en même temps que celle de monsieur le Maire, que si mon fils avait résisté aux agents de la force publique, comme il était en droit de le faire, puisque le mandat d'arrêt, *qu'on ne lui représentait même pas*, ne le concernait point et avait été décerné contre un nommé Desforet, qu'il eût été emmené de vive force à la sûreté du Havre, comme un vil malfaiteur ?

Aussi, pour prévenir toute résistance, les agents eurent-ils recours au plus grossier des mensonges, en laissant croire à mon fils, qui donna dans leur piège tête baissée, qu'on avait à lui communiquer un télégramme de Paris qui l'intéressait. Ce mensonge pouvait malheureusement avoir un semblant de vérité, puisque mon fils, en partant de Paris, y avait laissé sa mère très souffrante, et qu'il pouvait craindre d'apprendre une aggravation du mal dont elle est atteinte encore en ce moment.

Ceci établi, point d'équivoque ni de vains subterfuges, et *à chacun sa part de responsabilité.*

La copie du rapport que monsieur le Sous-Préfet m'a fait l'honneur de m'adresser, et auquel je réponds ici, me paraît tout à fait conforme à celle transmise par le parquet du Havre à Paris, et dont monsieur le Commissaire de police de mon quartier m'a déjà donné lecture, ainsi que je viens de le dire précédemment ; aussi la demande que je vous avais adressée, en vue d'en obtenir un duplicata, est-elle aujourd'hui sans objet.

Après avoir examiné avec soin ce document officiel, et entendu les observations présentées par mon fils, il ne m'est pas difficile, monsieur, de vous démontrer qu'il renferme les plus grossières inexactitudes. Et comment pourrait-il en être autrement, quand l'enquête repose uniquement sur le témoignage des parties intéressées à dégager de cet enjeu leur responsabilité, et qu'elle a été faite en l'absence de tout contradicteur ? Cela s'explique d'ailleurs par l'intérêt personnel que monsieur le Commissaire central est tout naturellement disposé à accorder à ses agents pour couvrir leur responsabilité, quand ce fonctionnaire, au contraire, aurait dû comprendre qu'il était de son de--

voir d'honnête homme, en pareille circonstance, de poursuivre la répression de leur conduite *par voie disciplinaire.*

C'était là, assurément, la moindre des réparations qu'on dût à mon fils pour le préjudice moral qui lui avait été causé.

L'a-t-on fait? Non. Et pourquoi? Parce que la police a la prétention de se croire infaillible et surtout inattaquable et impunissable ; c'est à tel point que lorsque mon fils a essayé de se plaindre du sans façon avec lequel on l'avait pris pour un malfaiteur, non seulement le brigadier de service de la sûreté ne lui a adressé aucune des excuses mentionnées par le rapport, mais il y a plus : *il a été menacé d'être retenu tout à fait, s'il persistait à élever la voix.*

L'un des agents auquel il disait avec raison que cela ne se passerait pas de la sorte a même eu l'impudence de lui répondre :

« Allez, vous pouvez vous plaindre à qui bon vous semblera: NOUS AURONS TOUJOURS RAISON. »

Voilà comme sous la République on comprend la justice... Oui, si nous n'avions pas de juges à Paris, et la presse pour sauvegarder ce qui nous reste de liberté.

Je suppose, monsieur le Procureur, que la parole de mon fils vaut bien celle de l'hôtelier de l'*Europe* et des deux agents qui, sur son indication, ont procédé à SON ARRESTATION.

Monsieur le Commissaire central, pour excuser la conduite de ses agents, s'appuie :

1° Sur ce que le signalement d'un individu disant s'appeler *Desforet* (retenez bien ce nom *Desforet*), contre lequel un mandat d'arrêt avait été décerné au Havre, le 23 juin dernier, par monsieur Le Hodey, juge d'instruction, et qui avait commis plusieurs escroqueries au préjudice de divers hôteliers de cette ville, notamment aux hôtels d'*Espagne*, d'*Angleterre* et du *Bras d'Or*, avait une grande ressemblance avec mon fils, suivant le propriétaire de l'hôtel de l'*Europe*.

Et remarquez combien cette supposition est peu vraisemblable. Voilà un filou qui est recherché depuis plusieurs semaines au Havre, et il ne se hâte pas de quitter cette ville où à tout instant il doit craindre d'être arrêté ! Il continue à séjourner dans les hôtels de la ville !... Et qui est-ce qui le signale comme l'ayant reconnu pour être le filou recherché ? Le maître d'hôtel de l'Europe, qui est précisément un hôtel où Desforet n'est jamais descendu et où on ne l'a jamais vu. Et cependant il le dénonce à la police locale, dans la personne de mon fils, parce qu'il a remarqué que celui-ci, en se présentant pour louer, *n'avait aucun bagage*, et que, trouvant le prix de la chambre trop élevé, il s'en était allé ailleurs. — Comme si les filous regardent à payer plus ou moins cher !

2° Sur ce qu'ayant loué à l'hôtel de Normandie, naturellement sans bagage, il aurait demandé, avant de monter à sa chambre, si on pouvait *entrer* et SORTIR à toute heure de la nuit.

3° Enfin sur ce que l'agent Brion a déclaré qu'il *avait* vu précédemment, à l'hôtel du Bras d'Or, le filou recherché par la justice et l'*avait* RECONNU dans la personne de mon fils.

Le rapport dit, en effet, que l'agent Brion, dissimulé dans un appartement (je soupçonne que ce devait être plutôt dans un placard de la chambre voisine de celle qu'occupait mon fils), a CRU reconnaître l'individu que déjà il *avait* vu à l'hôtel du Bras d'Or.

Il ne fallait pas croire... il fallait être certain. Cet agent a ajouté que, pour éclaircir ses doutes, il s'approcha de lui, et l'interpella, en lui demandant s'il n'était pas M. de Villette, et que sur sa réponse affirmative, il l'invita à l'accompagner à la sûreté du Havre.

Mais ce que l'agent évite de dire, c'est que, pour persuader à mon fils de le suivre sans résistance, il s'était servi du subterfuge dont j'ai parlé plus haut : qu'on (le fameux pronom indéfini) avait un *télégramme à lui communiquer*.

Conduit à la sûreté... on sait le reste.

Le rapport se termine en expliquant que « ce sont les questions de mon fils aux fins de savoir si on pouvait entrer et « sortir à toute heure de la nuit, et l'absence de bagage, qui « l'ont mis en suspicion auprès des maîtres d'hôtel qui l'ont dé- « noncé comme ayant beaucoup de ressemblance avec l'individu « faisant l'objet du mandat délivré par M. le juge d'instruction « du Havre. »

Ce sont là des raisons trop puériles pour qu'on s'y arrête sérieusement.

Depuis quand n'est-il plus permis de voyager sans bagages, au risque d'être pris pour un malfaiteur, surtout par les voies rapides de nos jours, et quand vous êtes muni d'un billet d'aller et retour dans les quarante-huit heures, ainsi qu'il en a été justifié, ce qui explique suffisamment l'inutilité de bagages ?

Cela ne supporte pas la moindre discussion, et n'autorise pas la police locale à mettre en arrestation un honnête citoyen.

Quant au propos de savoir si on pouvait entrer et sortir à toute heure de nuit, mon fils donne au maître de l'hôtel le démenti le plus formel. Il était sept heures et demie environ quand il a arrêté sa chambre, et, avant d'aller rejoindre en ville la personne qui l'y attendait pour le mener promener, il a voulu savoir jusqu'à quelle heure on POUVAIT RENTRER : peut-être a-t-il demandé si on pouvait *rentrer* à toute heure ; mais assurément il n'avait aucune raison pour dire autrement ; il n'a certainement pas demandé si on pouvait ENTRER et SORTIR à *toute heure de la nuit*. Il n'avait que faire de poser cette question, et il ne l'a pas posée, et l'affirmation de mon fils est certainement tout aussi croyable, si elle ne l'est davantage, que celle d'un logeur en garni.

Ainsi il est constant que c'est sur ces deux indications et sur la déclaration plus erronée encore de l'agent Brion, qui a dit *avoir* précédemment *vu* le filou de l'hôtel du Bras d'Or, et par conséquent *avoir cru* le bien reconnaître dans la personne de mon fils, quand il l'a guetté à la sortie de l'hôtel, que mon fils a été arrêté et conduit au poste de la sûreté. Il est constant encore que, sur ces indications, l'autorité a donné mission à l'agent Brion de mettre le lendemain à exécution contre mon fils le mandat d'arrêt délivré contre le nommé Desforet.

L'agent Brion a soutenu qu'il était seul quand il a abordé mon fils et qu'il ne l'a pas touché.

C'est encore inexact. Mon fils, en sortant de l'hôtel, s'est tout à coup vu entouré par deux agents, dont l'un lui frappa sur l'épaule et l'interpella par son nom, en l'invitant à le suivre à la sûreté, sous prétexte d'un télégramme à lui communiquer.

Il n'y a pas ici à jouer sur les mots : l'intention était formelle, les ordres avaient été donnés aux agents, qui n'eussent pas manqué d'emmener mon fils de force, s'il n'eût pas consenti à les suivre de bonne grâce.

Il y a plus : il y a eu arrestation arbitraire et sans mandat de justice, puisque le mandat en question concernait un nommé Desforet, nominativement désigné dans le mandat décerné contre ce dernier.

Je pourrais exiger une plus complète réparation que celle de demander ici quelles mesures disciplinaires ont été prises ou seront prises contre les deux agents qui, en cette circonstance, ont agi avec autant de légèreté que de précipitation et manqué à leur devoir; mais ce que je ne saurais accepter, c'est qu'après des faits de cette gravité, l'autorité couvre l'impunité de ses agents.

Comment ! voilà l'agent Brion qui déclare à M. le Commissaire central qu'il a déjà vu le filou de l'hôtel du Bras d'Or. Il doit donc bien le connaître puisqu'il l'a *vu*, de ses propres yeux *vu*, ce que l'on appelle *vu* !

Et il se méprend au point d'affirmer qu'il soupçonne et CROIT *reconnaître* dans le jeune homme qui est sorti vers sept heures et demie le véritable individu de l'hôtel du Bras d'Or !

Puis il a un mandat d'arrêt contre qui ? Contre un nommé Desforet. Il sait qu'il a devant lui non pas Desforet, mais *M. de Villette*, et malgré cela *il l'arrête*, quand celui-ci est attendu sur la place à cent mètres de lui par une personne de la ville, qui, à défaut de pièces justificatives, pourrait constater immédiatement son identité.

Refus par l'agent de s'adresser à cette personne, qui, ignorante de ce qui se passe, ne peut venir en aide à mon fils, ainsi contraint de suivre l'agent jusqu'à la sûreté.

Et parce qu'il n'a pas plu à l'agent Brion de s'adresser, séance tenante, à cette personne, ou tout au moins de laisser mon fils la prévenir de ce qui lui arrivait, il faut que ce jeune homme subisse l'humiliation de circuler dans la ville avec ce certain luxe d'escorte qui est le propre des malfaiteurs !

Voilà pourtant comment en France et sous la république on respecte la liberté individuelle des citoyens !

Hier, c'était le fils de monsieur Frédéric Passy, membre de l'Institut, qu'on arrêtait arbitrairement à Philippeville; aujourd'hui c'est le tour de mon fils; le lendemain on arrêtait, dans le parc de Royat, d'autres personnes inoffensives, Monsieur et Madame Messine, qui prenaient tranquillement les eaux dans cette ville, et qu'on soupçonnait être un des frères Bouvier, financiers bien connus, en fuite et activement recherchés par la police; et sans l'intervention de M. le sénateur Numa Baragnon, en villégiature à Royat, qui a répondu d'eux, on les conduisait tout simplement à la prison de Clermont-Ferrand. Cette méprise ne fait pas plus honneur au nouveau commissaire de police de Royat que celle dont mon fils a été l'objet, à M. le Commissaire central du Havre.

Une autre fois encore (et je ne cite celle-ci que pour mémoire, parce qu'elle remonte à une époque plus éloignée), mais cette fois l'autorité reçut sur les doigts, parce qu'il s'agissait d'un des collaborateurs du *Soir*, un journal dont les attaches sont favorables au gouvernement...

M. Ch. Letort, professeur d'économie politique, fut pourchassé par toute la police de Quimper-Corentin et presque mis en arrestation, le croirait-on ? *pour avoir demandé à un passant des renseignements* SUR UN FOURNEAU ÉCONOMIQUE DE LA LOCALITÉ.

Aussi ne saurait-on trop appeler l'attention du public et du gouvernement à tous les degrés sur tous ces faits de séquestration arbitraire qui se produisent depuis quelque temps, sur toutes ces arrestations dont les causes ne sauraient donner lieu à la moindre discussion et qui sont absolument injustifiables.

Les erreurs de ce genre sont éminemment regrettables. Outre qu'elles constituent la plus grande atteinte portée à la liberté individuelle, *elles peuvent nuire à la* CONSIDÉRATION *des personnes qui en sont victimes*. Serait-ce trop exiger des fonctionnaires, qui ont pour mission spéciale d'assurer la tranquillité publique et le règne de la justice, que de leur demander d'y regarder à deux fois avant de compromettre la sécurité des particuliers *par une malencontreuse application des pouvoirs que la loi leur donne* ?

Ceci exposé, monsieur le Procureur, j'ai la confiance absolue que vous ne tarderez pas à me donner une prompte satisfaction, en m'apprenant *quelles mesures disciplinaires ont été prises contre l'agent Brion* principalement, et contre ceux qui lui ont donné mission de procéder, au moyen d'un subterfuge inqualifiable, et indirectement, à l'*arrestation* de mon fils; car je maintiens ici le mot, et pour tous ceux qui connaissent le vocabulaire du langage policier, il ne peut être établi aucune différence entre le fait matériel de l'arrestation et celui de la constatation d'identité. Pour obtenir cette constatation, il faut nécessairement exercer une contrainte quelconque, soit morale ou autre, sur l'individu dont on veut établir l'identité : cette contrainte se traduit par le mot ARRESTATION.

Veuillez agréer, Monsieur le Procureur, l'assurance de ma considération distinguée.

J. GIROUD DE VILLETTE,

ANC. AVOCAT A LA COUR D'APPEL DE PARIS.

Paris, le 30 juillet 1881.

EXTRAITS DES JOURNAUX

LA CIVILISATION (Juillet 1881.)

Nous avons rapporté, dans notre numéro du 8 juillet, l'arrestation arbitraire du fils de M. Frédéric Passy, membre de l'Institut, en promenade en Algérie, et la lettre très vive et très justement adressée à M. le garde des Sceaux par M. Passy père.

Il paraît que la police du Havre, de son côté, tient à montrer qu'elle n'est pas moins zélée que sa sœur d'outre-mer.

Un fait de même nature vient de se produire hier encore, à l'égard d'un autre jeune homme, appartenant également à une famille non moins honorablement connue, la famille Giroud de Villette, dont la mère, on le sait, est la petite-nièce de feu la princesse douairière Lucien Bonaparte de Canino, née Alexandrine de Bleschamp.

En effet, jeudi matin, un jeune homme sortant de l'hôtel de Normandie, rue de Paris, au Havre, se dirigeait vers la place du théâtre, où il était attendu par une personne domiciliée dans cette ville, lorsqu'il se vit entouré, appréhendé et conduit à ce que l'on appelle au Havre la sûreté.

« Vous êtes M. Christian Giroud de Villette, lui avait-on dit; suivez-nous.

— Pourquoi ?

— On vous le dira.... on vous communiquera le télégramme.

Interrogatoire subi par l'appréhendé, devant un brigadier de la police :

— Qu'est-ce que vous faites ici ?

— Je pourrais vous répondre que cela ne regarde que moi. Cependant je veux bien vous dire qu'employé dans une grande administration parisienne, j'ai obtenu un congé de cinq jours que je suis venu passer au Havre. Voici les preuves de ce que j'avance et ce qui constate mon identité.

— Ah ! ! !... (*Après une profonde méditation*) CE N'EST PAS DE VOUS QU'IL S'AGIT, vous pouvez vous en aller.

« — Pardon ! mais on vient de me faire circuler avec un certain luxe d'escorte ; il y a un télégramme qui me concerne : il me semble...

— Vous êtes bien curieux... et bien désireux de faire connaissance avec la sûreté du Havre. »

M. de Villette n'en exigea pas davantage... et il alla reprendre le train de Paris.

N'oublions pas que cette arrestation, inexpliquée et si singulière, a été provoquée par un télégramme venu de Paris. Parisiens, dormez... et surtout voyagez sans crainte. De près et de loin, M. Andrieux veille sur vous !

Il est à penser que M. Giroud de Villette père, ancien avocat à la Cour d'appel de Paris, ne laissera pas dans l'impunité un pareil attentat à la liberté individuelle, et qu'à l'exemple de M. Frédéric Passy, il saura se faire rendre justice de l'arrestation arbitraire de son jeune fils.

<hr>

LA PATRIE (29 Juillet 1881.)

CORRESPONDANCE.

Nous recevons la lettre suivante :

A Monsieur le Rédacteur en chef du journal LA PATRIE.

MONSIEUR,

La *Patrie*, dans son numéro du 22 courant, a rendu compte de l'arrestation, aussi inexpliquée que singulière, dont mon fils, en promenade au Havre, a été l'objet de la part des autorités de cette ville ; mais les causes en étaient restées ignorées de tous.

Une lettre que je reçois de M. le Maire du Havre, auquel j'ai cru devoir demander des explications loyales sur les motifs de cette arrestation illégale, m'exprime tous ses regrets pour l'acte inqualifiable dont mon fils *a été victime.*

M. le Maire ajoute que *cette erreur*, « *vite reconnue* et aussi vite réparée », a eu pour cause une ressemblance fâcheuse, et qu'il n'y a pas eu arrestation, mais *constatation d'identité*.

C'est là une excuse puérile et jouer sur les mots, car il est certain que si mon fils avait résisté aux agents qui lui ont enjoint de les suivre, il eût été emmené de vive force, et que c'est lui qui a donné une marque de condescendance, peut-être exagérée, pour la loi.

Aussi la lettre de M. le Maire du Havre, tout en reconnaissant l'erreur commise et en m'exprimant ses regrets personnels, ne me donne qu'une demi-satisfaction, et pour qu'elle fût complète, cette lettre aurait dû, en même temps, m'apprendre *quelles mesures disciplinaires* ont été prises contre les agents qui ont agi dans cette affaire avec autant de légèreté que de précipitation.

Quoi qu'il en soit, monsieur le rédacteur, j'ai la confiance que, dans l'intérêt de la vérité et de l'avenir de mon fils, si cruellement pris pour un malfaiteur peut-être de la pire espèce, vous voudrez bien être un des premiers encore à reproduire ce document, qu'il m'importe au plus haut point de voir publié *à titre de réparation*.

Je vous en serai infiniment obligé.

Veuillez agréer, etc.

J. Giroud de Villette,
anc. Avocat à la cour d'appel de Paris.

L'ÉVÉNEMENT (29 Juillet 1881.)

Nous avons signalé dernièrement l'arrestation tout à fait inexplicable, qui eut lieu au Havre, de M. Giroud de Villette, un jeune homme d'une parfaite honorabilité et dont le père est un des anciens avocats distingués de la cour d'appel.

Aujourd'hui, nous recevons communication de la lettre suivante, adressée par M. le Maire du Havre à M. Giroud de Villette père, qui lui avait demandé des explications sur l'arrestation de son fils :

Le Havre, 23 juillet 1881.

Monsieur,

Après avoir reçu votre lettre du 19 juillet, je me suis empressé de prescrire une enquête sérieuse sur le fait qui l'a provoquée.

Je n'éprouve aucun embarras, monsieur, à vous exprimer mes regrets de la méprise dont M. votre fils a été l'objet.

M. de Villette *a été victime* d'une certaine ressemblance avec un individu contre lequel un mandat avait été décerné, et qui était soupçonné de chercher à échapper aux poursuites *en prenant un faux nom*. Je me fais un devoir d'ajouter qu'aucune faute ne me paraît avoir été commise par la police du Havre; il y a eu, non pas arrestation, mais *constatation d'identité, et l'erreur, vite reconnue*, a été vite réparée.

Je comprends que cet incident a dû être pour M. votre fils la cause d'un désagrément sérieux; j'ai pensé qu'une explication aussi simple et aussi complète que possible serait de nature à l'atténuer, et c'est pour cet unique motif, monsieur, que je n'ai pas hésité un seul instant à vous la fournir, encore bien que le fait dont il s'agit constitue un acte, non de la police administrative, mais de la police judiciaire, et qu'il ait été accompli en vue de l'exécution d'un mandat de justice.

Agréez, monsieur, l'assurance de mes sentiments distingués.

Le Maire du Havre,
JULES SIEGFRIED.

Voir également *Le Figaro, L'Ordre, Le Pays, Paris-Journal, Le Soir, Le Globe, L'Intransigeant, La Lanterne, Le Peuple-Français*, etc, ctc.

Paris. Imp. P. DUBREUIl, rue des Martyrs, 18 et 18 bis.